# MUSEE

# D'ART ET D'INDUSTRIE

## A LYON

# MUSEE

## D'ART ET D'INDUSTRIE

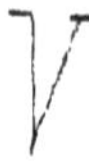

# MUSEE D'ART ET D'INDUSTRIE

## RAPPORT

DE

M. Natalis RONDOT

délégué de la Chambre, Préfident de Claffe au Jury de l'Expofition Univerfelle de 1855.

*DELIBERATION*

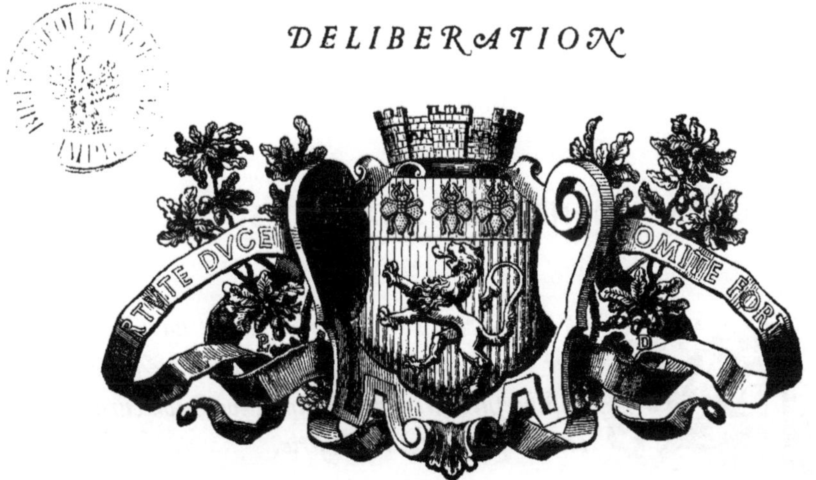


LYON

IMPRIMERIE DE LOUIS PERRIN

M D CCC LIX

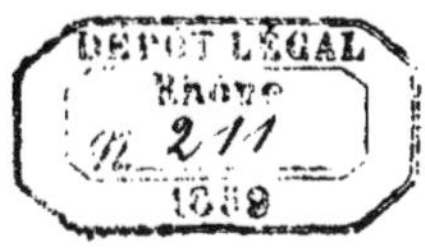

## DANS LA SEANCE
*du vingt-ſept Septembre mil huit cent cinquante-huit*
## OU SE TROUVENT REUNIS :

M. le Sénateur VAÏSSE, chargé de l'adminiſtration du département du Rhône, *Préſident;*

M. BROSSET Aîné, *Préſident élu;*

MM. Oscar GALLINE, Th. TARDY, Bruno FAURE, J. FOUGASSE, BONNARDEL Aîné, A.-F. MICHEL, A.-M. BRISSON;

Et Hippolyte JAME, *Secrétaire,*

## M. LE PRESIDENT FAIT L'EXPOSE SUIVANT

*A Chambre a voté, dans ſa ſéance du 24 janvier 1856, l'établiſſement d'un nouveau Muſée, deſtiné ſurtout, par ſa compoſition & ſon caractère, à profiter à l'Induſtrie.*

*A cette époque, la Chambre avait déjà entendu parler des efforts tentés en Angleterre depuis 1851 pour répandre l'enſeignement des Beaux-Arts & amé-*

liorer le goût des claffes induftrielles. Mais, à quoi avaient abouti ces efforts & ce mouvement qui avaient obtenu un fi légitime retentiffement? C'eft ce qu'on ignorait.

Pour fe renfeigner d'une manière exacte fur la nature de ce mouvement & en apprécier la portée, la Chambre eut tout d'abord l'idée de donner à fon délégué ordinaire à Paris, M. Natalis Rondot, la miffion d'aller étudier fur les lieux mêmes les inftitutions nouvellement créées par le Département de la Science & de l'Art, notamment l'organifation des Mufées d'Induftrie, pour lefquels l'efprit public fe montrait bien difpofé.

M. Rondot vifita les collections de ce genre qui exiftent à Londres, à Bruxelles, à Lille, &, dans la féance du 9 août 1857, il préfenta à la Chambre un rapport qui eft refté dans fes fouvenirs.

A quelque temps de là, l'Expofition des tréfors de l'Art fut ouverte à Manchefter. Cette Expofition fe liait trop étroitement aux préoccupations de la Chambre pour qu'elle pût y refter indifférente. Elle la fit vifiter par deux de fes membres, MM. Arlès-Dufour & Meynier, & par M. Bonnefond, directeur de l'Ecole impériale des Beaux-Arts de notre ville. M. Tiffeur, fecrétaire de la Chambre, fut adjoint à la délégation.

Meffieurs les délégués, dans le cours de leur voyage, eurent occafion de vifiter le South Kenfington Mufeum de Londres, & de compléter ainfi, par l'examen de ce curieux établiffement, les inveftigations qui fe rattachaient à l'objet de leur miffion. Les rapports auxquels cette miffion a donné lieu ont été rendus publics.

Ces informations succeffives, puifées aux fources, eurent pour effet naturel d'agrandir la conception primitive de la Chambre & de fortifier fes convictions. En même temps éclata avec plus d'évidence la néceffité de fonder un établiffement à la hauteur de notre induftrie & de notre ville, digne de leur importance & de leur deftinée, en harmonie enfin avec les embelliffements que l'active & prévoyante adminiftration de M. le Sénateur Vaïffe apporte chaque jour à la cité; embelliffements qui, en faifant de nos rues une expofition en quelque forte permanente, concourent fous d'autres rapports au même but que les mufées.

Cependant, fi l'on était d'accord fur l'enfemble du projet, on l'était moins fur le caractère particulier & le mode de formation du Mufée. La queftion d'organifation reftait pendante.

M. Rondot fut derechef invité à s'enquérir des progrès du Département de la Science & de l'Art en Angleterre. Les modifications & les récents perfectionnements que cette grande inftitution avait fubis firent la matière d'un nouveau rapport verbal, que la Chambre a entendu dans fa féance du 5 août 1858.

Toutefois, le moment était venu pour elle d'arrêter un plan définitif, d'adopter un fyftème; l'achèvement du fecond étage du Palais du Commerce, où le Mufée fera inftallé, ne lui laiffait plus la liberté d'ajourner fa décifion. La Chambre exprima alors à M. Rondot, qui était parfaitement au courant de fes vues & de fes tendances, le défir d'avoir de lui des propofitions d'organifation, avec un mémoire explicatif à l'appui.

Ce mémoire a été préparé; il va être foumis à l'examen de la

Chambre. Elle aura à ſe prononcer ſur les propoſitions qu'il contient. La délibération qu'elle eſt appelée à prendre poſera les principes & les règles qui préſideront à la formation & à l'organiſation du Muſée, dont la création a été arrêtée par ſa délibération du 24 janvier 1856.

Après cet expoſé, Monſieur le Préſident invite M. Rondot, préſent à la ſéance, à vouloir bien donner lecture de ſon Rapport.

# RAPPORT DE M. RONDOT

*MUSEE D'ART ET D'INDUSTRIE*

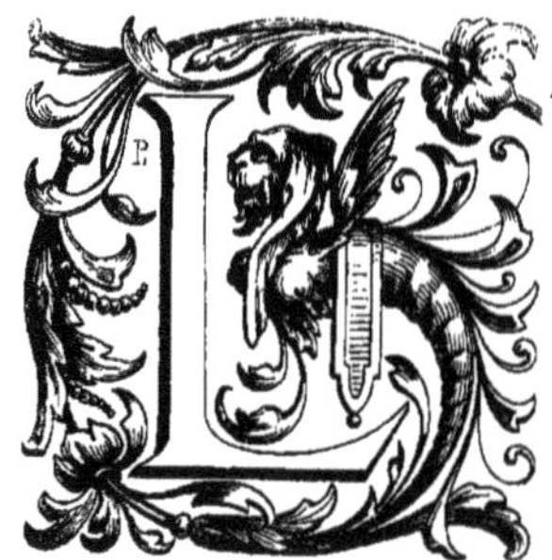A création d'un *Mufée d'Art & d'Induftrie* à Lyon eft réclamée depuis près de foixante ans.

A la fin du fiècle dernier, après les défaftres du fiége & les calamités qui le fuivirent, le Confeil des Cinq-Cents fut faifi par le Directoire de l'examen de mefures propres à relever la Fabrique lyonnaife, & à former des deffinateurs pour remplacer ceux qui avaient péri ou émigré. Les rapporteurs Daunou & Mayeuvre (1) accordèrent une égale importance, pour le but que l'on

(1) Mayeuvre fit plus tard, en décembre 1800, un rapport au Confeil municipal de Lyon, « fur les Etabliffements qui peuvent raviver les Arts & les Manufactures de Lyon. » Son rapport au Confeil des Cinq-Cents eft du 25 août 1797.

ſe propoſait, à l'établiſſement de galeries de modèles de l'art antique, & à celui d'écoles d'Art & de Science.

En 1806 & en 1814, ſur l'ordre du Miniſtre de l'Intérieur, le Préfet du Rhône preſſa la Chambre de Commerce de Lyon de réunir des échantillons des produits de tout genre qui ſont fabriqués dans le département ; & en 1829, le 2 juillet, la Chambre demanda au Miniſtre du Commerce & des Manufactures d'établir à Lyon une collection de tiſſus de ſoie, de ſoie & coton, de ſoie & laine, & de châles, provenant des manufactures étrangères. La Chambre réaliſa elle-même ce vœu en 1834 & en 1846 ; elle ouvrit, dans ces deux années, des Expoſitions de ſoieries étrangères, qui excitèrent un grand intérêt, &, depuis lors, elle mit encore pluſieurs fois ſous les yeux des fabricants des collections d'étoffes acquiſes par ſon ordre : les principales furent celles de Chine, à la fin de 1846, & celles qui furent formées à Londres en 1851 & en 1857.

La queſtion de la formation d'un muſée d'échantillons, de deſſins & de modèles fut agitée de nouveau en 1847, & les vues très nettes de la Chambre à ce ſujet ſont conſignées dans le Compte rendu de ſes travaux pour 1847-1848 (1).

Des circonſtances diverſes y ramenèrent à pluſieurs repriſes ſon attention : elle fit l'acquiſition, le 31 août 1848, de deſſins & d'échantillons provenant de l'ancienne maiſon Dutillieu, &, le 21 mars 1850, du petit muſée de fabrique de M. Auguſte Gautier ; elle reçut, le 6 avril 1854, une pétition ſignée par quatre-vingt-douze fabricants & deſſinateurs, qui la priaient d'acheter une autre collection formée par M. Bert, &, le 24 janvier 1856, ſur la propoſition de ſon Préſident (2), elle vota l'établiſſement du Muſée. Des miſſions en Angleterre, confiées

(1) Page 11.
(2) M. Broffet aîné.

en 1856 à fon délégué ordinaire à Paris, & en 1857 à deux de fes membres(1) & au directeur de l'Ecole impériale des Beaux-Arts de Lyon(2), ont eu pour effet d'affermir la Chambre dans fa réfolution. Enfin, en juin 1857, dans une pétition adreffée à M. le Sénateur chargé de l'adminiftration du département du Rhône, trente-fix des plus habiles fabricants, deffinateurs & artiftes de Lyon demandèrent avec inftances que l'on commençât à choifir & à recueillir les matériaux du Mufée futur.

Ainfi, en premier lieu, deux points font acquis : l'utilité d'un Mufée d'Art & d'Induftrie, & la néceffité de fa prompte création. Cette utilité n'eft pas conteftable, car ce Mufée deviendra une école nouvelle ; il ne fera pas ifolé, il fera à Lyon le complément des inftitutions qui fervent à former le goût & à développer les difpofitions artiftes de la population. On avait appris autrefois à connaître l'importance de l'enfeignement du deffin & de l'étude de l'Art pour la Fabrique, & cela explique le rapide fuccès de l'école de deffin que le fculpteur Coyfevox & le peintre Thomas Blanchet fondèrent à Lyon en 1677, & à laquelle la Chambre de Commerce, créée vingt-cinq ans après (3), ne ceffa de s'intéreffer. On eft encore de nos jours dans ces fentiments, & plus de trois mille enfants & jeunes gens fuivent à Lyon, avec un grand zèle, les cours de deffin.

Si l'on eft unanime pour vouloir la création d'un Mufée, on n'eft pas d'accord fur le caractère qu'il convient de lui donner.

(1) MM. Arlès-Dufour & P. Meynier.

(2) M. Bonnefond.

(3) Louis XIV inftitua à Lyon, par arrêt du 30 août 1701, une *Chambre particulière de Commerce*, compofée de dix directeurs, & dont les ftatuts & le règlement furent promulgués par l'arrêt du 20 juillet 1702. Le Confulat & la Chambre étaient repréfentés à Paris par un *député pour le Commerce* (Jean Aniffon, 1702-1721 ; Simon Clapeyron, 1722-1723 ; Palerne, 1723-1751 ; Pernon, 1751-1779 ; Tournachon, 1780-1790). La Chambre fut reconftituée par un arrêté du 3 nivôfe an II (23 décembre 1793).

Il faut bien reconnaître que l'on n'a pas généralement une idée nette de ce qu'un pareil Musée doit être, &, pour exprimer en peu de mots les diverses opinions qui se sont produites, nous dirons que les uns proposent comme modèle le *Musée du Louvre*, & les autres le *Musée de Cluny;* que ceux-ci veulent voir former un *Conservatoire des Arts & Métiers*, & ceux-là, un riche *Cabinet de Dessins d'ornement.*

Dans la question présente, aucune de ces vues ne paraît juste. Il faut se garder d'être exclusif, & ne pas craindre de rapprocher les chefs-d'œuvre de l'Art de ces ouvrages de l'Industrie, de tout pays comme de toute époque, où l'on voit l'empreinte de l'art, du génie & du progrès.

On trouve d'ailleurs sur ce point de profitables leçons dans l'histoire du passé. Les œuvres des artistes & des hommes des métiers, aux temps de la Renaissance & du grand roi, sont devenues nos modèles; cherchons quels ont été les leurs. A quelles sources ont-ils puisé leur inspiration élevée, originale & féconde ? A quels exemples ont-ils dû ces styles d'un si grand caractère, qui montrent la pureté relevée par la hardiesse, & l'incorrection même toujours alliée à quelque beauté? En ce temps-là, chaque abbaye, chaque église avait son *trésor;* les rois, les seigneurs & les marchands opulents possédaient d'inestimables richesses. Tout ce qui avait du prix par l'art ou l'origine, le travail ou la matière, prenait place dans ces *trésors*, que l'on connaît par des inventaires authentiques & dont nos musées ne donnent qu'une faible idée. C'était alors que les cathédrales, remplies de reliquaires & de statues, formaient elles-mêmes, avec leurs bas-reliefs, leurs fresques & leurs vitraux, d'admirables musées. Toutes ces choses facilement accessibles ont agi d'autant plus vivement sur le goût & l'intelligence des gens de métier, qu'ils s'étaient mieux préparés à la dure école de l'apprentissage & par l'étude réfléchie de l'art antique ; elles auraient de nos jours, dans les mêmes circonstances, le même effet, & la Fabrique de Lyon, qui a de fortes écoles, doit avoir aussi son *Trésor.*

Dans cet efprit, le Mufée projeté ne ferait ni un mufée d'Art ni un mufée d'Induftrie ; il réunirait l'un & l'autre, & aurait un caractère bien tranché, un cachet tout à fait local ; il complèterait les mufées de peinture, de fculpture & d'antiquités du Palais des Arts, fans faire en aucun cas double emploi avec eux. Ce Mufée ferait indépendant, indépendant des collections dont nous venons de parler, comme des écoles (l'Ecole de la Martinière & celle des Beaux-Arts) d'où fortent les contre-maîtres & les deffinateurs de la Fabrique. Il ne peut pas avoir, en effet, pour objet, d'aider à l'enfeignement, car on ne faurait admettre pour l'enfeignement que l'art le plus pur, que les modèles du grand art grec, les vrais maîtres des Pérugin, des Donatello, des Léonard de Vinci, des Michel-Ange, des Raphaël, des Jean Goujon.

L'action du Mufée doit s'exercer fur un plus vafte champ. Sans doute, il éveillera & développera le fentiment du beau, il formera le goût ; mais furtout il fera pour la Fabrique un fonds commun, où l'on fera affuré de trouver tout ce qui peut fervir l'infpiration, élargir & élever les idées, réfoudre les difficultés & réalifer de nouveaux progrès. On y viendra étudier les reffources décoratives imaginées & développées dans les grands fiècles, chercher le fecret de la fimplicité, de la grâce & de la diftinction des Grecs, de l'harmonie & de la délicateffe du coloris des Orientaux, & cet autre fecret d'approprier, avec une heureufe mefure & un fentiment artifte, le ftyle aux matériaux & aux deftinations.

Un pareil but, pour être atteint, fuppofe une organifation forte & large, créée en vue des befoins du préfent & en prévifion de ceux de l'avenir. Affurément, il n'eft pas permis d'avoir l'efpérance de fonder dans un bref délai ces collections, fur la nature defquelles on eft encore fi divifé ; elles ne fauraient être improvifées, fans qu'il en réfultât des regrets. Le temps importe peu d'ailleurs en pareille queftion, quand le plan eft arrêté & réfolument mis à exécution.

Le Mufée projeté doit comprendre plufieurs divifions principales : l'*Art*, l'*Induftrie* & l'*Hiftoire* peuvent donner lieu à trois départements diftinêts en apparence, mais liés intimement par une penfée commune, par celle à laquelle le Mufée doit fa création.

Le *Département de l'Art* préfenterait lui-même des divifions né-ceffaires, car fi le *beau* n'a ni âge ni patrie, s'il eft un, abfolu & inflexible, il comporte la variété dans l'unité & la liberté dans la règle; il revêt, felon le pays & felon le temps, des formes diverfes, également origi-nales, inégalement admirées, qu'une même nobleffe anime & qui in-troduifent dans le domaine du travail humain une merveilleufe variété. Il faut reconftituer par les monuments les grandes époques de l'hiftoire de l'Art; mettre en relief, avec un foin difcret & perfévérant, ce qui dans le deffin, le coloris, la compofition, dans le ftyle, en un mot, eft le caraêtère vrai de l'ornement d'un fiècle & du génie d'un peuple, & fe rapproche le plus du type éternel & infaififfable de la beauté idéale.

Cette vue conduirait à adopter le fyftème de la divifion d'une aile du Palais en falles qui feraient ouvertes fur une galerie commune; cha-cune ferait confacrée au ftyle d'une ou de plufieurs époques, d'une ou de plufieurs nations.

Ces falles pourraient être au nombre de dix, & fe fuccéder dans l'ordre fuivant, comme M. le comte de Laborde l'a propofé pour le claffement de la colleêtion de moulages de l'Ecole impériale des Beaux-Arts de Paris (1).

1° Les nations primitives : les Affyriens, les Egyptiens, les Hindous, les Perfans, les Chinois, les Japonais, les Péruviens, les Mexicains, les peuples du Nord;

(1) *Rapport fur l'application des Arts à l'Induftrie*, page 692.

2º Les Grecs;

3º Les Romains & les Grecs pendant l'empire de Rome;

4º Les Byzantins;

5º Les Arabes;

6º Le Roman & le Gothique;

7º La Renaiſſance;

8º Le XVIIᵉ ſiècle;

9º Le XVIIIᵉ ſiècle;

10º Le XIXᵉ ſiècle.


Nous n'attachons pas une importance égale à ces diviſions. L'art grec aux Vᵉ & IVᵉ ſiècles avant l'ère chrétienne, cet art incomparable, dont Polyclète & Phidias repréſentent la grandeur, & Lyſippe & Praxitèle la perfeƈtion, occupera le premier rang. On peut ouvrir auſſi un large eſpace à l'art traditionnel & délicat de l'Orient, à la Renaiſſance au temps de Laurent de Médicis & de Léon X, de François Iᵉʳ & de Henri II; & comme, en préſence du génie athénien, cet écleƈtiſme ne ſaurait faire chanceler le ſentiment de la beauté véritable, on doit ne dédaigner aucune école: juſque dans l'art ſcandinave, péruvien, chinois, eſt une ſorte de beauté marquée au coin d'un idéal étrange.

Chaque ſalle renfermerait les œuvres d'art ou d'induſtrie appartenant à l'époque ou au peuple auquel elle ſerait affeƈtée : moſaïques, ſtatues, bas-reliefs, bois & ivoires ſculptés, laques, bronzes, vitraux peints, miniatures, émaux, faïences & porcelaines, pièces d'orfévrerie & bijoux, armes & armures, fers ciſelés & repouſſés, tapiſſeries & ornements d'é-gliſe, broderies & tiſſus.

On pourrait réſerver à l'extrémité de ces galeries un ſalon, qu'oc-cuperait plus tard une colleƈtion choiſie, ſoit des ouvrages qui préſen-tent les plus beaux types de l'ornement grec, ſoit de chefs-d'œuvre ou d'objets précieux.

16

Il conviendrait d'avoir auſſi une petite galerie de tableaux de fleurs ;
il n'eſt pas douteux qu'avant peu de temps, chacun y aidant, on poſſè-
derait des toiles de Jean-Baptiſte Monnoyer, de J.-D. de Heem, de
Van Huyſum, de Van Spaendonck, de Van Dael, de Dechazelles, de
M. Saint-Jean, &c.

Une ſalle ferait deſtinée aux *Fleurs*. Elles ſont les éléments eſſentiels
de tout ornement, les modèles les plus heureux dont l'Art ſe ſoit inſpiré,
& offrent des diverſités infinies de forme, de port & de couleur. Le
bienfait ferait grand de réunir des deſſins fidèles & des photographies
des plantes & des fleurs les plus belles, tant de l'Amérique que de
l'Auſtralie, de l'Inde que de la Chine & du Japon. La ſeule famille des
orchidées ne préſente - t - elle pas un type d'ornement d'une beauté
ſingulière?

Un peintre lyonnais qui eſt une des gloires de l'Art en France,
M. Saint-Jean, écrivait en 1855 : « Nos deſſinateurs ne ſe retrempent
peut-être pas aſſez dans l'étude ſi riche, ſi brillante & ſi variée que la
nature leur offre(1). » M. le comte de Laborde avait dit en 1852 : « La
décadence nous envahit... La France ſemble une terre épuiſée que
dorent encore les épis de la dernière moiſſon (2). » Ce fait a été ſi-
gnalé avec plus d'énergie par d'excellents eſprits, & M. Louis Reybaud
s'eſt fait récemment l'écho de ces critiques devant l'Académie des
Sciences morales & politiques : « On vit ſur le paſſé & on n'invente pas,
a-t-il dit ; les mêmes motifs ſe retrouvent, & l'harmonie eſt ſacrifiée à
l'éclat. » Camille Beauvais voyait, il y a trente ans, dans cette *monotonie*,
« une des cauſes de la rivalité qui ſe prépare chez nos voiſins (3). »

Si le Muſée que la Chambre de Commerce veut fonder devait ne

---

(1) *Rapports du Jury international*, tome II, page 379.

(2) *Rapport ſur l'application des Arts à l'Induſtrie, fait à la Commiſſion françaiſe du Jury international
de l'Expoſition de Londres*, page 399.

(3) *Eſſai ſur quelques branches de l'Induſtrie françaiſe*, 1825, page 39.

fervir qu'à rendre plus faciles les emprunts au paffé, il n'y aurait pas lieu, à coup fûr, de s'y intéreffer vivement; mais c'eft notre efpérance qu'en préfence de ces œuvres célèbres & de ces ftyles divers, on verra mieux l'impuiffance des procédés actuels, & que l'on abandonnera cette voie battue de l'imitation mefquine, fans but, fans honneur & fans fuccès. Des efprits réfléchis & des crayons habiles comme il y en a tant à Lyon fentiront mieux, devant les grands modèles, qu'en matière d'art (& qui dit *art* dit *ornement*), la tradition & le fentiment antiques font la vraie fource de l'infpiration & de l'originalité. C'eft la recherche & la contemplation paffionnées d'une beauté idéale qui ont conduit l'école de Phidias à la perfection : nous ne demandons pas aux deffinateurs lyonnais ces études & ces recueillements, difficiles loin des hauteurs fereines où l'Art fe mefure avec la Nature; nous voulons qu'ils relèvent hors de l'atteinte des rivalités étrangères le niveau de l'art modefte dans lequel ils font maîtres encore; nous attendons d'eux encore plus de verve, de fcoupleffe, d'harmonie & de grâce, car c'eft à eux qu'échoit la tàche ingrate de concilier ces deux goûts fouvent contraires, l'Art & la Mode.

Revenons aux fleurs. Toute l'ornementation égyptienne, dont on connaît la grandeur, l'élégance & la richeffe, fe rapporte à trois types, à trois plantes, au lotus, au palmier & au papyrus. L'ornement de la Grèce & de Rome repofe fur l'acanthe & deux ou trois feuillages, & celui du XIIIe fiècle a pour type une feuille à trois ou à cinq lobes. N'y a-t-il que ces types dans la nature, & à ceux-là feuls l'Art eft-il effentiellement lié? Non, certes; le nombre eft grand, parmi les cent mille efpèces de plantes répandues dans le monde, de celles qui ont la beauté de la forme ou de la couleur, & dont un art ingénieux & favant peut tirer de nouveaux fujets d'ornement. L'homme exercé à bien voir trouvera des reffources inattendues & précieufes d'ornementation dans les attitudes & les enlacements naturels des plantes, dans les charmants &



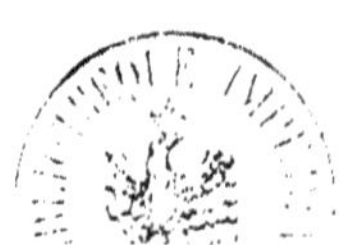

harmonieux effets que préfentent le rapprochement & l'accord de tant de vives couleurs.

Les fleurs font donc des fujets d'étude excellents, & doivent occuper dans le Mufée une des principales galeries. Mais, hâtons-nous de le dire, les traits de la beauté font divifés dans la Nature, & celle-ci ne donne que le motif & le principe de l'ornement; c'eft à l'Art de fe l'approprier, de le compléter, & de faire de la fleur cette imitation conventionnelle où l'on retrouve avec le fentiment de l'idéal la noble & gracieufe fimplicité du modèle. Pour cette raifon, auprès des fleurs, il convient de placer les tableaux de fleurs, qui font une première & libre imitation marquée au coin du beau, les bouquets de fleurs reproduits par la photographie qui les préfentent fous des afpects nouveaux, & ce que l'on peut appeler la *flore architectonique*, qui nous montre comment les Anciens, les Orientaux & les artiftes du Moyen-Age ont appliqué les fleurs à l'ornementation.

Le *Département de l'Induftrie* fe compoferait de trois fections : la première, confacrée aux *Matières premières;* la feconde, aux *Tiffus;* la troifième, au *Matériel de fabrication.*

On placerait dans la première fection : 1º les cocons des *Bombyx,* des *Saturnia,* des *Antheræa,* comme ceux des *Attacus,* des *Tropæa,* &c.; ceux de la France, de l'Italie, de l'Efpagne, comme ceux du Levant, de la Chine, de l'Inde, de l'Amérique; 2º les foies gréges, & 3º les foies ouvrées, de toutes fineffes & de tous pays; 4º les différentes fortes de déchets & les fils que l'on en tire; 5º les foies gréges & les foies ouvrées teintes; 6º les fils de laine, d'alpaca, de poil de chèvre, de cachemire, de coton, de lin, que l'on marie avec la foie.

La feconde fection comprendrait les étoffes de foie pure & les étoffes de foie avec mélange de laine, de coton, de lin, d'or ou d'argent. Ces tiffus feraient claffés par pays ou par nature d'étoffe, fuivant qu'on le jugerait le plus utile pour l'étude ; ils préfenteraient autant que poffible des types des fabrications ancienne & actuelle chez les diverfes nations.

Dans la troifième fection, on réunirait les modèles des appareils, outils, mécaniques & métiers qui fervent à la préparation de la foie pour le tiffage & au tiffage lui-même, & que des perfectionnements fucceffifs rendent chaque jour plus parfaits ; les fubftances naturelles & les produits chimiques qui font employés à la teinture des foies, & des fpécimens de l'application des procédés de teinture qui contribuent pour une large part à la fupériorité de la Fabrique lyonnaife.

Enfin, il ferait jufte de réferver une galerie pour les induftries autres que celles de la foie, dont plufieurs font confidérables, profpères, & ont acquis une réputation étendue. La conftruction des machines, l'orfévrerie & la bijouterie, la paffementerie, l'imprimerie, ne peuvent pas être oubliées dans un Mufée d'Art & d'Induftrie à Lyon.

Les deux premières fections de ce département feraient établies fur le plan de la collection des produits tirés du règne animal (1), qui a été formée en Angleterre par le profeffeur Solly, fur l'ordre des commiffaires royaux de l'Expofition univerfelle de 1851. Le but pratique que la Chambre de Commerce a en vue ne permet pas de prendre pour modèle le mufée technologique, fondé en 1853 par la Société impériale des Sciences, de l'Agriculture & des Arts de Lille (2). Ce mufée curieux préfente pour chaque induftrie une férie de fpécimens, choifis à l'effet de montrer les transformations diverfes de la matière première jufqu'au dernier degré d'achèvement du produit. Le mufée céramique de Sèvres, le mufée de l'Ecole impériale des Mines & le mufée de Peel-Park à Manchefter poffèdent depuis longtemps des exemples renommés

_______

(1) *Collection of animal products.*

(2) Le *Mufée Induftriel & Agricole*, à l'Hôtel de Ville de Lille, inauguré le 3 août 1856.

de ces féries, & il y en avait également de très intéreffantes à l'Expofition univerfelle de 1851 (1).

Il refte à indiquer ce que ferait le *Département hiftorique*. Il ne peut
avoir qu'une valeur fecondaire, & cependant il aura auffi une réelle
utilité & apportera fa part d'enfeignements & de fervices.

On a raffemblé plufieurs fois les matériaux d'une hiftoire de la fabrication des foieries; en Pruffe, en Angleterre, en France même, on
n'a rien négligé à cette fin, & cependant cette hiftoire, dont tout le
monde fent le prix & l'intérêt, eft encore à faire. Elle ne peut être écrite
qu'avec les monuments, & cette rare collection, fi la Chambre entre-
prenait de la faire, ferait une des plus inftructives du Mufée.

Il en eft une autre dont l'exécution ferait moins difficile & qui ne
peut manquer d'être accueillie avec faveur, c'eft celle qui retracera, également avec les fpécimens originaux, l'hiftoire de la fabrication des foieries à Lyon (2). Les lettres patentes données en fa faveur par Louis XI,
le 23 novembre 1466, établiffent qu'elle avait déjà alors quelque importance; mais ce n'eft qu'à partir de la charte célèbre de François Ier
(octobre 1536), dont Turquetti & Nariz recueillirent les premiers le
bénéfice, qu'il exifte des renfeignements certains fur chaque invention
d'étoffe, de métier ou d'outil. Cette feconde galerie permettrait de
rappeler & d'éternifer le fouvenir des hommes auxquels la Grande
Fabrique, comme on difait au dernier fiècle, a dû, depuis le milieu du
XVe fiècle jufqu'à nos jours, fa profpérité, fes progrès & fa fuprématie.

Une falle ferait réfervée à ces artiftes modeftes, auxquels revient une
grande part de ces fuccès, aux deffinateurs de fabrique; non pas que

(1) La confection de collections de ces petites féries technologiques, qui font très inftructives,
eft devenue en Angleterre, depuis 1851, une véritable induftrie.

(2) Un fabricant, M. Th. Falcon, a fondé en 1854, au mufée du Puy, une galerie confacrée à
l'hiftoire des dentelles du Velay.

l'étude de leurs œuvres doive porter encore des fruits, mais ce nouvel honneur rendu à la mémoire des Revel, des La Salle, des Baraban, des Berjon, des Bony, &c., fera un acte de juftice & un encouragement. Cela conduit naturellement à exprimer la penfée qu'une falle devrait recevoir des ouvrages de deffinateurs contemporains & les tableaux de fleurs qui ont été couronnés au concours annuel de l'Ecole des Beaux-Arts.

C'eft dans le département hiftorique qu'il conviendrait peut-être de difpofer une collection de tableaux-tiffus de foie & une collection de deffins ou de modèles des anciens métiers.

Ce département gagnerait en étendue & en intérêt, fi le Mufée était ouvert, comme nous l'avons fuggéré plus haut, aux autres branches de l'induftrie lyonnaife; en dehors de la Fabrique, bien des hommes & des inventions ont fait ou ont accru, dans la fuite des temps, la gloire & la fortune de la cité, & nul ne contefte la vertu & le prix d'exemples empruntés à un paffé dont on ne doit pas oublier la grandeur.

Lyon avait déjà, fous la domination romaine, des fondeurs, des cifeleurs & des potiers fameux; il était fier de fes monnaies. Au Moyen-Age, il était renommé pour l'orfévrerie d'églife, le travail au repouffé, la fellerie & ces ouvraifons délicates & fi diverfes de l'or trait, pour lefquelles il devait bientôt l'emporter fur Damas, Chypre & Milan; l'argue date du règne de Charles VII, &, fous Louis XIV, le Père Sébaftien réuffit à donner aux filières une précifion & des qualités dont nos tireurs gardent le fecret. La dinanderie eut à Lyon fon berceau; la typographie y fut importée trente ans après fa découverte, & les livres imprimés, dès 1473, chez Barthélemy Buyer, par Guillaume Le Roy, font eftimés à l'égal de ceux qui fortirent au XVIᵉ fiècle des preffes de Sébaftien Gryphe, de Jean de Tournes, de Guillaume Roville & des Frellon. La gravure en bois & la reliure étaient portées alors à un très haut degré de perfection, & l'on employait au XVe fiècle un papier d'une admirable qualité, qui était fait à Lyon même. L'imprimerie lyonnaife entreprit la première de joindre aux livres de larges eftampes gravées fur cuivre (1488), & Holbein fit pour les Trechfel les deffins de cette célèbre *Danfe des Morts*, qui eut ici huit éditions, de 1538 à 1549. Le XVIe fiècle vit fleurir la grofferie, la joaillerie, la ferrurerie, la paffementerie; c'eft à cette époque que les arts & les induftries de l'Italie vinrent s'ajouter aux nôtres, que Vulpio introduifit la filature & le tiffage du coton (1543), que des Génois établirent des fabriques de faïence, de fleurs artificielles & de favon, que le lorrain Pierre Woeiriot fit dans le goût italien tant de bijoux charmants (1560). Lyon reçut en 1580 du Piémont la fabrication du bafin & de la futaine, qui occupait peu d'années après plus de deux mille maîtres ouvriers. Louife Labé excellait à *peindre avec l'efguille* (1550). Nos fondeurs racheveurs & doreurs des deux derniers fiècles étaient réputés les plus habiles. Pierre Rigat obtint, le 11 mars 1666, pour nos favonneries, mifes en poffeffion de fes procédés nouveaux, le privilége exclufif d'approvifionner la France. La chapellerie de feutre de caftor, pour laquelle Londres était fans rival, devint, à la fin du XVIIe fiècle, grâce à Etienne Mazard, une de nos plus floriffantes induftries; la fabrication des boutons, enlevée également à l'Angleterre, vers 1756, par Paul Le Cour, dut fes progrès principaux à Louis-Antoine Mouterde. L'an 1772 fut marqué par l'invention des paillons, 1789 par la création du premier atelier de conftruction de machines, & 1790 par le fuccès des effais monétaires de Jean-Marie Mouterde, père du précédent, qui avait trouvé le moyen de monnayer le métal de cloches.

Le Mufée ne ferait pas complet, s'il ne poffédait pas un cabinet de deffins & d'eftampes & une petite bibliothèque fpéciale. Celle-ci ne contiendrait que des livres à figures, des ouvrages *illuftrés* fur l'art, la décoration, l'ornement & l'architecture. Moins étendue que celle du mufée de South Kenfington (1), d'un autre côté plus complète que celle que l'on a créée à Bruxelles, au Mufée de l'Induftrie belge, elle ferait formée avec plus de févérité & de goût que l'une & l'autre.

Tel ferait le *Mufée d'Art & d'Induftrie.*

Si l'on adoptait ce projet dans fon enfemble, & même avec des additions, il ferait facile (les divifions & les fubdivifions qui le compofent étant indépendantes les unes des autres) de n'entreprendre que telle ou telle partie & de réferver l'emplacement des parties dont la formation ferait ajournée. Cependant, il ferait préférable à tous égards de ne laiffer de côté, dès le début, aucune divifion, fauf à n'ouvrir d'abord que les galeries qui feraient arrivées à un degré d'avancement fuffifant pour intéreffer la Fabrique & le public.

Ce n'eft pas dans l'ordonnance & l'organifation de ce Mufée que réfident les difficultés de l'entreprife; on les rencontrera à l'exécution. Il ne faut pas fe faire d'illufion : on éprouvera des obftacles férieux; on fe verra réduit fouvent à l'impuiffance, faute de matériaux vraiment utiles & de perféverance dans la recherche des belles œuvres, faute d'hommes dévoués & vraiment compétents, faute de reffources fuffifantes. On aura des embarras non moindres pour le claffement & pour l'indication tacite du rang dans l'Art de tant de modèles; on devra, pour les acquifitions, réfifter aux uns & folliciter les autres; bref, il y aura beaucoup d'héfitations, d'efforts, de peines, des erreurs inévitables, &, en fin de compte, cette entreprife fera de celles qui ne font appréciées à leur valeur que quand on y a mis la dernière main, quand le temps a permis de réparer les erreurs, de combler les lacunes, de mettre

(1) La bibliothèque de South Kenfington a coûté environ 125,000 francs.

fortement en relief la penfée qui l'a infpirée. Auffi longtemps que le public ne verra que des collections diverfes & fans lien apparent entre elles, il ne fentira pas le prix du Mufée, il le regardera en aveugle. Quand il embraffera d'un coup-d'œil la majeftueufe unité de l'art grec au fiècle de Périclès, & en appréciera la pureté & l'élévation par le rapprochement des productions afiatiques, égyptiennes, byzantines, gothiques & modernes ; quand il affiftera, d'un côté, aux transformations des ftyles & des décorations, depuis l'ornement primitif & élégant de l'Egypte jufqu'aux magnificences de l'art français fous Louis XIV, & que, d'un autre côté, il fuivra la foie, depuis le cocon d'un ver fauvage & encore inconnu jufqu'à la plus fplendide étoffe ; qu'il faifira par quels degrés & à la fuite de quels efforts l'Art & l'Induftrie ont atteint à leur niveau actuel : alors, pour le public, toutes ces chofes auront un vif attrait & feront un profitable enfeignement. Nous fommes certain que cette expofition de chofes marquées au coin du *beau*, du *bon*, de l'*utile*, que la diffufion des connaiffances & l'excitation à l'étude qui en découleront feront le point de départ de nouveaux progrès.

Puifque l'exécution offrira tant de difficultés, examinons comment il ferait poffible de la rendre plus fimple, plus rapide & furtout moins onéreufe. Mais auparavant nous ne faurions paffer fous filence le projet qui a arrêté le premier l'attention.

On avait jugé qu'il convenait de faifir toutes les occafions d'acquérir les objets d'art ou d'induftrie qui pourraient concourir au but que la Chambre de Commerce fe propofe, & l'on indiquait comme modèle le fyftème qui a prévalu pour la création & le développement du Mufée de Cluny, à Paris. L'exemple n'était pas bien choifi, & nous ne nous occuperons que de l'idée.

Ce fyftème eft celui que les gouvernements adoptent naturellement pour former des collections nationales, qui doivent être dignes à tous

égards du fouverain qui les fonde & du pays qui les dote. Il eft impoffible de le mettre en pratique, quand on difpofe de modiques reffources, que l'on a un but parfaitement défini, & que, dès lors, on ne peut
ni l'on ne veut s'embarraffer d'une foule d'objets qui feraient, dans
l'ordre d'idées adopté, d'un médiocre intérêt

On eft donc obligé de renoncer à ce fyftème & de chercher un
autre moyen.

Il s'en préfente bien un, qui a été appliqué en Angleterre récemment
avec un fuccès extraordinaire ( 1 ), & qui a été également employé avec
non moins de bonheur aux Expofitions régionales d'Angers, de Dijon
& de Limoges : c'eft le fyftème des *prêts*. On ne faurait douter que fi
la Chambre de Commerce faifait elle auffi un appel aux amateurs & aux
fabricants lyonnais, cet appel ferait entendu, & que les galeries du Mufée
ne fuffiraient pas à renfermer les œuvres de prix, les modèles enviés &
les collections d'objets de tout genre qui ont rendu tant de cabinets
célèbres. Il ne peut toutefois réfulter de là qu'un établiffement tempo-
raire, &, outre la refponfabilité qui incomberait à la Chambre, il y aurait un grand travail, une grande dépenfe, pour une Expofition incom-
plète, de peu de durée, & à la fuite de laquelle tout ferait encore en
queftion.

L'examen du Mufée de South Kenfington, à Londres, a fuggéré à
votre délégué la penfée d'appliquer un des principes qui ont préfidé à
fa création, à celle du Mufée lyonnais.

Les hommes éminents qui ont fondé de toutes pièces cet admirable
Département de la Science & de l'Art & qui le dirigent avec une intelligence égale à leur énergie, ont voulu faire plus que de former un

---

(1) A l'Expofition des tréfors de l'Art, à Manchefter, en 1857. Les peintures feules étaient au
nombre de 3,500, parmi lefquelles d'admirables tableaux de Raphaël, de Titien, de Mabufe, d'Holbein, de Rubens, de Van Dyck, de Rembrandt, de Murillo, de Vélafquez, de Pouffin.

muſée nouveau & d'enrichir l'Angleterre de tous les chefs-d'œuvre de l'Art & du Travail, diſſéminés par le globe & que les nations aſſez heureuſes pour les poſſéder conſervent comme une gloire & un tréſor. Ils ont été plus loin : ils ont voulu qu'il n'y eût pas dans le Royaume-Uni un homme qui ne pût acquérir ces richeſſes moyennant un prix modique, en jouir à toute heure, s'en inſpirer, les étudier ou les imiter. Et, de peur que l'indifférence ne rendît inutile cette ſollicitude éclairée, ils portent eux-mêmes ſans relâche, d'un comté à l'autre, ces muſées qu'ils ont créés en empruntant leurs plus belles œuvres aux Expoſitions univerſelles, aux arts & aux muſées du monde.

On a compris que, dans ce cas, la *copie* tient lieu de l'*original*. Ne nous diſſimulons pas que cette voie eſt aujourd'hui la ſeule ouverte aux peuples comme aux individus qui entreprennent de faire une collection ſyſtématique d'œuvres d'art. La quantité de celles-ci eſt très limitée ; les accidents & les effets du temps la réduiſent ſans ceſſe, & les muſées poſſèdent déjà le plus grand nombre de ces œuvres, les plus belles, partant les plus déſirables. Le goût s'en eſt répandu partout ; les amateurs ſont plus nombreux, plus ardents, & les prix ſe ſont élevés dans une proportion inouïe. Le Département anglais de la Science & de l'Art en fait en ce moment la dure expérience, & l'on peut citer telle majolique (1) qu'il eût acquiſe, il y a quatre ans, pour trois cents francs, & qui a été vendue cette année à Paris douze mille francs.

En préſence de cette recherche paſſionnée & aveugle des objets d'art des ſiècles paſſés, la néceſſité fait une loi de ce que la raiſon conſeille, & d'ailleurs la copie d'un chef-d'œuvre vaut mieux, cent fois mieux, qu'un médiocre original. Le palais de Sydenham, créé en deux

---

(1) On appelle *majolique* la faïence italienne des XVe & XVIe ſiècles, dont la glaçure, formée par un émail blanc ſtannifère, ſert de fond à de belles peintures, faites parfois ſur des deſſins originaux de Raphaël, & très eſtimées quand elles ſont ſignées de Giorgio Andreoli, de Franceſco Xanto, des Fontana, &c.

années, au prix de vingt-trois millions, & où il y a malheureufement, au point de vue de l'étude de l'Art, autant à critiquer qu'à admirer, fournit une preuve décifive des grands réfultats d'enfemble que l'on peut obtenir avec de fimples moulages (1).

Le Mufée peut être commencé avec des éléments pareils à ceux que le Mufée de South Kenfington a employés à fon origine. Celui-ci, depuis que le Parlement a accordé au Département de la Science & de l'Art une fubvention confidérable (2), a pu acheter de nombreufes pièces originales, notamment celles que la reproduction la plus fidèle ne remplace pas ou qui comblent des lacunes dans les collections (3). On pourrait fuivre cet exemple, felon les reffources difponibles comme felon les occafions, &, en faifant un appel difcret à la libéralité & à l'obligeance des amateurs lyonnais, on réuffirait certainement à obtenir des legs, des dons ou des prêts qui ajouteraient au tréfor commun. Puiffe un patriotifme généreux enrichir le Mufée futur comme l'a été la Galerie nationale de Peinture, à Londres, dans laquelle, fur deux cent quatre-vingt-huit tableaux, il en eft entré par voie de legs ou de donation cent foixante-feize, la plupart de Titien, de Paul Véronèfe, d'Annibal Carrache, de Pouffin, de Claude le Lorrain, de Rembrandt, de Van Dyck, de Rubens, de Murillo, &c.

Ainfi, n'être pas exclufif pour le *plan*, ne l'être pas non plus pour le

---

(1) Les dix cours des Beaux-Arts, dont chacune eft confacrée à l'art & au ftyle d'un peuple ou d'une époque (Affyrie, Egypte, Grèce, Rome, Pompéï, Byzance, Arabes, Moyen-Age, Renaiffance, Italie), ont coûté 2,560,000 francs. Les travaux ont été exécutés d'après les plans & fous la direction de MM. Owen Jones & Digby Wyatt.

(2) Deux millions environ. Le budget de l'année 1858-1859 préfente un total de 83,730 livres fterling (2,100,000 francs).

(3) Le Mufée (*Mufeum of ornamental Art*) poffédait déjà, en 1856, lorfqu'il était à Marlborough Houfe, trois mille trois cents objets originaux, parmi lefquels trois cent quinze pièces de tiffus. On a employé aux acquifitions pour le Mufée, de 1852 à 1858, 1,200,000 francs.

*moyen*, tel paraît être le parti le plus fage, & cependant, comme il faut commencer avec un faible crédit, il importe de fe décider à adopter le fyftème qui donnera, avec la moindre dépenfe, la plus grande fomme d'utilité.

Nous fommes à une époque où la diftance entre l'original & la copie eft fingulièrement rapprochée. La photographie & furtout la galvano-plaftie affurent, dans un grand nombre de cas, la reproduction abfolu-ment exacte des objets. Le deffin en noir & en couleur, la lithographie & la chromo-lithographie, la gravure en bois, les différents procédés de moulage, concourront, dans une mefure que l'on règlera à volonté, au but que l'on a en vue.

Il exifte un certain nombre de livres fur l'Art, publiés en France, en Allemagne, en Angleterre, en Italie, dont les planches préfentent déjà un choix intelligent des monuments & des œuvres de tous les temps. Le premier fonds du Mufée pourrait être créé en puifant dans les col-lections de photographies & de reproductions galvanoplaftiques prépa-rées par ordre du Département anglais de la Science & de l'Art, dans celles de moulages du Mufée impérial du Louvre, du Mufée Britanni-que (*British Mufeum*) & de l'Ecole impériale des Beaux-Arts de Paris; en acquérant quelques ouvrages, comme ceux de l'Inftitut d'Egypte, de Cahier & Martin, de du Sommerard, de Gruner, de Sir William Hamilton, de Heideloff, d'Owen Jones, de Knight, de de Lafteyrie, de Piranefi, de Piftolefi, de Pugin, de Stroganov, Zagoskin, Snegirev & Veltmann, &c.

Sans parler du milieu des galeries & des falles, qui fera occupé par les vitrines, les ftatues, les métiers, &c., on difpofera, dans le fecond étage du Palais du Commerce, d'une furface verticale d'environ deux mille quatre cents mètres carrés : cela permettra de placer plus de qua-tre mille cadres, bas-reliefs & objets divers. Il n'eft pas douteux que l'on poffèdera bientôt un nombre plus confidérable de peintures, de deffins, de planches d'ouvrages, d'eftampes, de photographies, d'échantillons de tiffus, & l'on fera forcé de choifir. On pourra alors remplacer une ou deux fois par an une partie des objets expofés par de nouveaux, & tenir à la difpofition du public, dans une falle de travail, les pièces qui feront mifes en réferve.

Voilà de quelle façon nous comprendrions la formation de ce Mufée. On peut être certain que dans ces conditions, qui n'offrent pas fans doute la grandeur & l'éclat que l'on rêve pour une inftitution de ce genre, il aura néanmoins, dans un temps rapproché, une influence très heureufe; qu'il fera un auxiliaire actif des écoles d'Art & de Science; qu'il rendra des fervices au public, aux artiftes, aux deffinateurs, aux fabricants, dans toutes les branches de l'induftrie.

Nous négligeons à deffein d'entrer dans les détails de l'organifation de cette entreprife: nous nous bornons à fignaler la néceffité d'un claffement méthodique, la néceffité plus grande encore d'un catalogue complet & de catalogues partiels, mis en vente à un prix très modique, dans lefquels le public doit trouver l'hiftoire de chaque objet, expofée avec concifion & netteté. On a pour cela de bons modèles dans les catalogues du mufée de South Kenfington, dont MM. J.-C. Robinfon, R.-N. Wornum & P.-L. Simmonds font les auteurs (1).

Ce n'eft pas nous écarter de notre fujet que de laiffer entrevoir que l'on fera inévitablement conduit à faire un traité avec d'habiles photographes & graveurs en bois ou à annexer au Mufée un petit atelier, afin de multiplier & d'obtenir à bon marché pour la vente directe & pour l'illuftration des catalogues, les épreuves des œuvres que l'on aura jugé utile de répandre.

---

(1) Il faut citer auffi un des catalogues du Mufée de Géologie pratique, qui a pour titre : *Catalogue of fpecimens illuftrative of the compofition and manufacture of British Pottery and Porcelain; by Sir H. de la Bêche and Trenham Reeks*, 1855.

La publication annuelle d'un recueil des planches les plus intéreſ-
ſantes pour l'hiſtoire & l'étude, mettrait davantage en lumière les bien-
faits de la nouvelle fondation & donnerait un produit ſuffiſant pour
couvrir & au-delà les frais.

Nous ne dirons qu'un mot du choix des originaux & des copies qui
prendront place dans le Muſée. On ne ſaurait être trop ſévère dans ce
choix. L'art grec peut être repréſenté par de nombreux modèles, & l'on
choiſira de préférence ceux de l'école de Phidias ; dans ces œuvres, ſi voi-
ſines pourtant de l'archaïſme, on trouve un mouvement, une ſoupleſſe,
un charme, une harmonie, un ſentiment élevé de l'idéal, qui n'ont laiſſé
à Praxitèle & à Lyſippe, ſucceſſeurs de Polyclète, de Phidias & d'Alcamè-
nes, qu'un progrès à accomplir, le raffinement d'un art porté déjà à ſa
perfeƈtion. Néanmoins, tout ce qui reſte de ce temps n'eſt pas d'un mérite
égal ; on ne rencontre pas beaucoup de créations pareilles aux frontons
du Parthénon & du Panhellénion, & à la tribune des jeunes vierges du
temple de Pandroſe. Si l'on diſcute les marbres de Phidias, il eſt naturel
que l'on ſoit plus réſervé à admettre ceux qui repréſentent l'art grec au
temps des écoles doriennes d'Egine, de Sicyone & de Corinthe, & de
l'école primitive attique, comme aux époques macédonienne & romaine ;
on ſera plus rigoureux encore pour les œuvres byzantines, gothiques,
arabes. Jean Couſin, Jean Goujon & Germain Pillon, Léonard de Vinci,
Raphaël & Michel-Ange, Le Primatice & Benvenuto Cellini, Jean Bul-
lant, Philibert de Lorme & Pierre Leſcot, ont empreint les ouvrages de
la Renaiſſance de tant de diſtinƈtion & d'élégance, & tant de ſcience,
d'exquiſe meſure, eſt alliée chez les uns à la nobleſſe & à la force, chez
les autres à la pureté & à la grâce, que l'on peut y puiſer à pleines mains.
Enfin, dans l'art moderne, qui commence à Jacques Sarazin, à Pouſſin
& à Le Sueur, & dont on eſt tenté de dire que près de ſon aurore il
atteignait déjà à ſon apogée ; dans l'art moderne, principalement au
XVIIᵉ ſiècle, les belles œuvres abondent ; mais, plus on ſe rapproche de

nos jours, plus la févérité eſt néceſſaire. Du reſte, ce que l'Art a produit depuis quarante fiècles a été jugé par les critiques & les artiſtes de goût avec tant d'indépendance & d'autorité, que le choix, pour être encore une tâche délicate, n'a plus les mêmes difficultés.

S'il nous eſt permis de conclure, nous dirons que, dans notre opinion, le projet dont la Chambre a pris l'initiative & entreprend l'exécution, peut être formulé comme il ſuit :

## I.

Un Muſée d'Art & d'Induſtrie ſera créé à Lyon par la Chambre de Commerce; il ſera adminiſtré par elle.

Il occupera le ſecond étage du Palais du Commerce.

## II.

Il ſera la propriété de la ville de Lyon.

Ce Muſée réaliſe un vœu de l'Adminiſtration municipale, & celle-ci, qui a fait déjà de grandes choſes dans cette voie, eſt trop éclairée pour ne pas aider libéralement à cette création tant déſirée.

## III.

Ce Muſée ſera formé dans le but d'éveiller & d'entretenir dans l'eſprit du public l'émotion & le ſentiment du *beau*, de lui montrer & de lui faire aimer dans l'Art la diſtinction, l'élégance, la grâce, & ſurtout la pureté & la mefure. Il rendra familières à tous les œuvres les plus belles de tous les peuples & de tous les temps; en épurant le goût public, il complètera l'enfeignement des écoles & fera lui-même un foyer attrayant & actif d'enfeignement. Il préfentera aux artiftes, aux deffinateurs & aux fabricants un choix de modèles empruntés à l'Art, à la Nature & à l'Induftrie, les plus propres à élever leur infpiration; il doit fervir à faciliter les études des uns & les recherches des autres; enfin, les galeries de ce Mufée deviendront les archives de l'induftrie lyonnaife.

## IV.

Il comprendra trois départements :

1° Un département de l'Art compofé de collections deftinées à montrer la beauté telle qu'elle a été fentie & exprimée par chaque nation & dans chaque grande époque, &, par fuite, le ftyle & l'ornement, la forme & le coloris qui en font le caractère; de galeries de fleurs, de tableaux & de photographies de fleurs;

2° Un département de l'Induftrie, dont les galeries feront confacrées, ici, aux cocons, aux foies gréges & ouvrées, aux fils que l'on marie avec la foie, aux foieries, aux étoffes de foie mélangée de laine, de coton, de lin, d'or ou d'argent; là, au matériel & aux produits néceffaires à la préparation, au tiffage & à la teinture de la foie;

3° Un département hiftorique, divifé en deux fections, celle de l'hiftoire générale de la fabrication des foieries & celle de l'hiftoire de la Fabrique de Lyon.

Les deux derniers départements recevront en outre, dans des falles féparées, tout ce qui fe rapporte aux autres branches principales de l'induftrie lyonnaife.

## V

Un cabinet de deffins & d'eftampes, une bibliothèque fpéciale & une falle de travail feront annexés au Mufée.

## VI.

Le crédit alloué par la Chambre de Commerce & la ville de Lyon pour les acquifitions fera réparti, autant que faire fe pourra, entre les trois départements, dans la proportion de fix dixièmes pour les objets d'art, de trois dixièmes pour les objets d'induftrie & d'un dixième pour les objets hiftoriques.

## VII.

Le département de l'Art fera compofé de *copies*, c'eft à dire de reproductions des œuvres originales par le deffin, la gravure, la photographie, le moulage ou la galvanoplaftie ( 1 ).

Toutefois, une fomme fera employée chaque année à l'achat de pièces originales.

Les amateurs & les fabricants feront invités à concourir à la formation des collections par des prêts & des dons.

## VIII.

L'adminiftration du Mufée fera reproduire à fes frais par les nouveaux

(1) La peinture de fleurs ne fera repréfentée que par des toiles originales.

procédés rapides de gravure, par la photographie, la galvanoplaſtie ou le moulage, des objets d'art, principalement inédits, d'un intérêt capital.

Elle pourra mettre en vente, réunies ou ſéparées, des épreuves de ces copies.

## IX.

Aucun objet ne ſera expoſé, 1° ſans avoir été préalablement inſcrit ſur le catalogue, où l'on aura conſigné toutes les particularités que l'on aura recueillies; 2° ſans porter un numéro d'ordre ſe référant à la notice inſérée au catalogue, & une courte inſcription qui ſera un extrait de cette notice.

Le catalogue ſera rendu plus inſtructif par des indications générales ſur l'hiſtoire des écoles & des ſtyles, des produits naturels & fabriqués; il recevra des planches gravées & des photographies.

Il ſera publié à bref délai, tenu au courant par de fréquents ſuppléments que chaque édition nouvelle fera diſparaître.

## X.

Tout objet prêté, donné ou légué au Muſée portera une inſcription indiquant le nom du prêteur ou du donateur; cette mention & la date figureront également au catalogue.

## XI.

La Chambre de Commerce aura ſeule la geſtion du Muſée. Elle en arrêtera l'organifation, en règlera l'adminiftration & le budget, nommera aux divers emplois.

Une Commiffion prife dans fon fein fera chargée de préfider à l'exé-cution des décifions de la Chambre, au choix & au claffement des objets & à l'enfemble du fervice. En outre, la Chambre pourra défigner chaque année un certain nombre de perfonnes, ayant des connaiffances fpé-ciales, qui feront invitées à affifter la Commiffion dans fes travaux, &, s'il y a lieu, dans fes délibérations.

## XII.

La Chambre de Commerce inftituera à Paris un Comité qui aura miffion de fignaler les œuvres d'art appartenant aux mufées & aux col-lections particulières, dont il jugerait utile d'obtenir la copie par le def-fin, la photographie ou le moulage. Ce Comité ferait invité à donner à la Commiffion du Mufée fon avis fur les objets dont on aurait propofé l'acquifition en original ou la copie.

## XIII.

La Chambre de Commerce fe réferve le droit de faire vendre les doubles ou tous les objets dont la confervation ne lui paraîtrait pas né-ceffaire ( 1 ).

---

( 1 ) Cette liberté eft néceffaire, car il faudra acheter de certaines quantités de *matières premières* & de *tiffus*, &, au bout de peu d'années, le Mufée ne pourrait plus tout contenir. On n'aura befoin que de prélever un échantillon deftiné à être expofé & une quantité fuffifante qui fera mife en ré-ferve pour remplacer plus tard l'échantillon précédent. Cela fait, quand on aura pris en note, pour les étoffes par exemple, la longueur, la largeur & le poids de la pièce, il conviendra de vendre ou d'échanger le furplus.

Avant de terminer, nous avons une obſervation à préſenter.

« Le ſecret de notre force, a dit M. Louis Reybaud, notre vrai titre de ſupériorité, c'eſt le goût, ce fruit du ſol gaulois qui eſt reſté l'attribut de notre race ; » & il ajoutait, en parlant avec un peu de froideur du magnifique mouvement qui s'eſt produit en Angleterre avec la penſée de donner dans l'avenir à l'Induſtrie le concours de l'Art & de la Science : « Si grand qu'il ſoit, l'effort reſtera au-deſſous des difficultés de la tâche. »

Nous ſouhaitons qu'il en ſoit ainſi, ſans en avoir l'eſpérance. Dès le jour de la clôture de la première Expoſition univerſelle, le 15 octobre 1851, le prince Albert ſignalait à l'Angleterre le but nouveau qu'elle avait déſormais à pourſuivre, & ſes paroles trouvaient un écho dans toutes les manufactures, à Birmingham, à Briſtol, à Halifax, à Leeds, à Sheffield, à Stoke-upon-Trent, &c. « Le plus grand bienfait dont on puiſſe doter l'induſtrie de la laine peignée, diſait le maire de la ville de Bradford, M. Henry Forbes, c'eſt de donner, par le développement & l'amélioration de l'enſeignement de l'Art, un goût plus pur & plus exercé à ceux qui produiſent, comme à ceux qui conſomment nos étoffes. »

Le Département de la Science & de l'Art fut créé ſous l'empire de ces idées, & il eſt facile de meſurer les progrès accomplis ; ils ont été accélérés par la coopération de ces ſociétés libres & ſi utiles que l'on appelle *Mechanics' inſtitutes*, & qui ſont devenues preſque une puiſ-ſance (ces huit cents ſociétés ont cent quarante mille membres).

Le nombre des écoles de deſſin était de dix-neuf avant le mois d'oc-tobre 1852 ; il y a aujourd'hui quatre-vingts écoles d'Art, &, de plus, deux cent ſoixante-dix écoles publiques & privées dans leſquelles les profeſſeurs des écoles d'Art enſeignent le deſſin. On ne comptait que 3,300 élèves en 1851; un enſeignement plus complet a été départi l'année dernière à 66,300 perſonnes, qui ont payé aux écoles plus de cinq cent mille francs pour prix de ces leçons. Le deſſin eſt remis en honneur & devient inſéparable, dans les écoles comme dans l'apprentiſſage, de l'inſtruction élémentaire. Le Muſée, dont la richeſſe eſt due aux prêts & aux dons & qui coûte néanmoins douze cent mille francs, avait reçu, en 1852, 45,000 viſiteurs; 500,000 y ſont entrés dans les douze derniers mois. On a envoyé ſucceſſivement dans une vingtaine de villes un muſée d'Art & d'Induſtrie, renouvelé après chaque voyage, formé de matériaux empruntés au muſée central & appropriés à chaque cercle manufacturier; 160,000 perſonnes, fabricants & ouvriers pour la plupart, ont examiné ce muſée. Il y a cinq ans, les profeſſeurs de deſſin & les deſſinateurs de fabrique étaient rares, peu habiles & peu rétribués; on commence à reſſentir à peu près partout l'effet de leur plus grand nombre; pluſieurs profeſſeurs gagnent à préſent dix à douze mille francs par an, & un ou deux, vingt-cinq mille francs. L'Expoſition de produits fabriqués d'après des deſſins d'anciens élèves des écoles d'Art (1), permet de juger des premiers fruits du nouveau ſyſtème. Des fabricants de Nottingham, de Sheffield, de Worceſter, du Staffordshire, reconnaiſſent hautement que leurs meilleurs deſſinateurs ſont ſortis des écoles d'Art, & que, grâce à eux, le caractère général des deſſins & des formes a déjà été modifié de la façon la plus heureuſe.

Au ſurplus, quelle que ſoit l'opinion que l'on ait de ces réſultats, on ne ſaurait nier qu'avant dix ans l'induſtrie anglaiſe comptera dans ſes rangs deux à trois cent mille travailleurs auxquels pluſieurs années d'école auront donné de ſaines notions d'Art & de Science & une pratique intelligente du deſſin; que, par les muſées & les collections ambulantes,

---

(1) *Exhibition of works of cArt-manufacture, deſigned or executed by ſtudents of the Schools of cArt.*

par le palais de Sydenham, les ſtyles de tous les pays, les plus beaux types de l'ornement & les modèles les plus réputés en tout genre feront devenus familiers à pluſieurs millions d'ouvriers.

C'eſt la volonté du peuple anglais, ſi ferme en ſes deſſeins, d'acquérir le diſcernement, l'élévation & la ſcience qui lui manquent en matière d'Art, ou pour mieux dire, de développer dans la nation l'imagination, le goût, le ſentiment de l'idéal, le génie artiſte, en un mot; facultés innées, mais engourdies chez nos voiſins, & dont des efforts perſévérants peuvent amener le réveil & le progrès. N'a-t-on pas vu l'exemple de Mabuſe & de Holbein au XVI<sup>e</sup> ſiècle, & celui de Van Dyck au XVII<sup>e</sup> ſiècle, ſuffire à créer une école nationale, détruite bientôt par la Réforme & par la Révolution? L'Angleterre a toujours eu depuis lors des artiſtes originaux & heureuſement doués, naguère coloriſtes pleins de fantaiſie & d'eſprit, épris aujourd'hui de la manière naïve de Van Eyck & de Giotto, & de celle un peu plus ſavante de Maſaccio ; nous oublions trop les rares qualités qu'ont déployées dans un milieu ingrat Inigo Jones & Chriſtophe Wren, Lawrence & Reynolds, Gainsborough, Stothard (1), Flaxman.

L'induſtrie anglaiſe n'ignore plus le charme & le prix de la perfection: Dyce, Pugin, M. Owen Jones, & un deſſinateur de fabrique devenu un peintre renommé, M. Richard Redgrave, ont tracé la voie nouvelle; l'induſtrie anglaiſe, diſons-nous, eſſaie de donner par le deſſin la ſoupleſſe à la main de ſes ouvriers, & commence à entrer dans le courant des ſaines doctrines & des inventions de l'Art. De plus grandes reſſources ſont offertes à l'étude, & par l'enſeignement qui ſe répand & s'affermit, on eſpère avoir un jour raiſon du mauvais goût public. M. Minton & M. Elkington ont devancé ce mouvement, & leur ſuccès dit aſſez ce que tant de vigueur & de zèle peut produire.

---

(1) Thomas Stothard fut d'abord deſſinateur dans une fabrique de ſoieries.

Nous venons de dire ce que nous augurons des efforts de l'Angle-terre, & nous fommes tenté de rappeler ces paroles de M. Tabareau, à l'ouverture de l'Ecole de la Martinière, le 29 juin 1826 : « Les fuccès que nos rivaux lifent dans l'avenir leur donnent autant de courage que les avantages du préfent infpirent à d'autres une dangereufe fécurité. »

Lyon eft averti : le jour eft proche où il fera convaincu du danger, & il luttera alors vaillamment pour conferver la fupériorité dans le do-maine de la nouveauté & du goût, &, bien que le mot foit un peu ambitieux, dans le domaine de l'Art. Qu'elle fe fente menacée, & la Fa-brique de Lyon, qui a décuplé en cinquante ans le nombre de fes mé-tiers & triplé en dix ans le chiffre de fes exportations, dont les riches étoffes n'ont pas encore rencontré de rivales fur les marchés du globe, reprendra & augmentera cette grande avance encore inconteftée. Ne vaut-il pas mieux cependant, fi éloigné que foit le péril, devancer l'heure & prendre librement l'initiative d'une forte de Renaiffance, entreprife ardue, quelles que foient les limites qu'on lui affigne, qui fuppofe le retour fincère aux fources de toute beauté, & dont le lent accom-pliffement fera le prix de bien d'auftères études & d'intelligentes hardieffes ?

La patrie de Philibert de Lorme, de Jacques Stella, de Coyfevox, des Couftou, de Gérard Audran & de Jacquard a dans fon fein les éléments de tous les progrès. Le génie de l'invention y eft fans ceffe en éveil ; la diftinction & la perfection du travail ne s'y font jamais démenties. L'ima-gination des deffinateurs & la fcience des fabricants ne le cèdent ni à l'efprit ardent d'entreprife des commerçants, ni à l'habileté réfléchie des ouvriers. L'intelligence, l'activité & la probité font des vertus com-munes, &, par les grandes manufactures qui ont réfolu, avec les métiers mécaniques, le problème d'allier l'exécution correcte au bon marché, Lyon peut foutenir victorieufement la lutte pour la fabrication courante avec l'induftrie étrangère. La Mode, cette impérieufe maîtreffe, n'a jamais trouvé Lyon foumis fervilement à fes caprices ; elle reçoit, dans ce milieu artifte, pour les étoffes de foie, comme à Paris, pour les objets de toilette, de fantaifie & de luxe, ces corrections habiles qui tempèrent fes extravagances & donnent un cachet d'élégance, même à des bizarreries fugitives. A tant d'heureux dons, à des traditions & à des conquêtes éprouvées par le fuccès, il faut ajouter des moyens nouveaux : le Mufée d'Art & d'Induftrie dont nous avons parlé eft un de ces moyens. Mais le fyftème de la grande Induftrie, l'enfeignement élevé & varié de l'Art & de la Science, l'étude des beautés éternelles de la Création, le conftant effort vers un goût plus pur & un plus noble idéal, voilà les meilleures armes pour fortifier & défendre une pofition que trois fiècles de fuprématie ont rendue glorieufe.

Nous avons parlé plufieurs fois, dans le cours de ce Rapport, du Département anglais de la Science & de l'Art ; il eft néceffaire d'indiquer exactement fes attributions.

Il eft devenu, en vertu d'un ordre de la reine Victoria, qui porte la date du 25 février 1856, une divifion du Confeil de l'Education ; ce Confeil eft placé fous l'autorité & la préfidence du préfident du Confeil privé.

Ce Département a la furintendance des travaux de la carte géologique du Royaume-Uni, du Mufée de Géologie pratique, du Bureau d'étude & de ftatiftique des Mines (*Mining record Office*) & de l'Ecole des Mines, du Mufée de l'Induftrie irlandaife, de la Société royale de

Dublin & de la Société royale zoologique d'Irlande, du Mufée induftriel d'Ecoffe & du Mufée d'Hiftoire naturelle d'Edimbourg.

Il concourt à la fondation, à la direction & à l'adminiftration des écoles d'Art & de Science, & facilite à toutes les écoles, aux *Mechanics' inftitutes* & aux autres fociétés de ce genre, l'acquifition à prix réduit des modèles, des appareils & des ouvrages utiles à l'enfeignement & à l'étude.

Il dirige une Ecole normale d'Art pour former des maîtres de deffin ; une bibliothèque qui contient fix mille volumes & près de neuf mille deffins, eftampes & photographies ; enfin, un mufée compofé des divifions fuivantes :

Une collection de cinq cents peintures & deffins de l'école anglaife moderne, donnée par M. John Sheepshanks ;

Une collection d'ouvrages de fculpture moderne ;

Un mufée d'Art, créé particulièrement en vue de la décoration & de l'ornement ;

Une collection de plus de fept mille deffins & moulages relatifs à l'architecture ;

Une collection des matériaux & des modèles néceffaires à l'étude des conftructions civiles ;

Une collection de douze mille modèles, tableaux, livres & inftruments fervant à l'enfeignement des Lettres, des Sciences & des Arts ;

Une collection de matières premières & de produits à divers degrés de fabrication, tirés du règne animal ;

Enfin, une collection de deffins & de modèles des inventions brevetées depuis 1617 jufqu'à l'année préfente.

Le marquis de Salisbury eft actuellement préfident du Confeil de l'Education. La charge de fecrétaire & de furintendant général du Département de la Science & de l'Art eft remplie par M. Henry Cole, qui était commiffaire du Royaume-Uni à l'Expofition univerfelle de 1855.

M. le docteur L. Playfair & M. Richard Redgrave font infpecteurs généraux, le premier, des écoles de Science, & le fecond, des écoles d'Art.

Nous avons vifité à quatre époques différentes les écoles & les collections de South Kenfington & de plufieurs villes d'Angleterre, & nous avons trouvé chez tous les fonctionnaires du Département de la Science & de l'Art l'accueil le plus empreffé & une rare obligeance : nous leur en offrons ici nos remercîments.

4 feptembre 1858.

*La lecture de ce Rapport eft écoutée avec le plus vif intérêt ; elle eft fuivie d'un examen approfondi des principes & des moyens d'exécution qui y font indiqués. Monfieur le Sénateur & la plupart des membres de la Chambre font entendus dans cette difcuffion animée, &, après un réfumé fait par Monfieur le Préfident, la Chambre prend la délibération fuivante :*

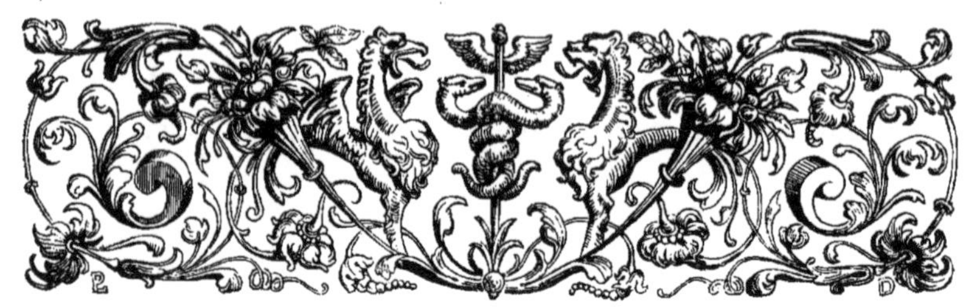

# DELIBERATION DE LA CHAMBRE

---



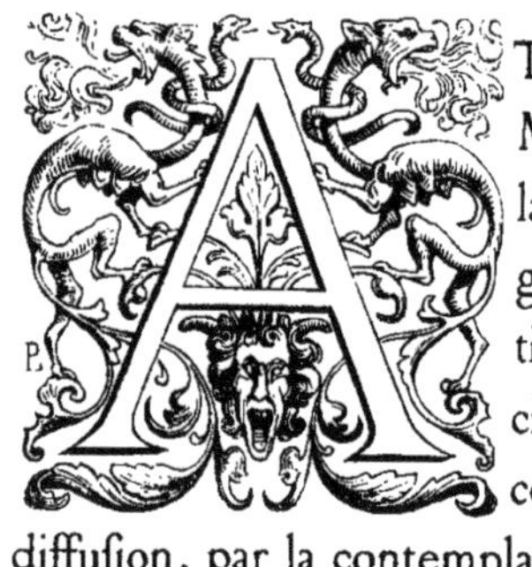TTENDU que, en votant la création d'un Mufée d'Art & d'Induftrie, & en prenant ainfi la réfolution de mettre à la portée du plus grand nombre un nouvel élément d'inftruction, la Chambre s'eft propofé pour but principal d'aider au développement du goût, de contribuer à fes progrès, à fon élévation, à fa diffufion, par la contemplation facile & permanente de chefs-d'œuvre d'Art, & d'affurer par là à la Fabrique & aux manufactures lyonnaifes la prééminence que leur a méritée fur tous les marchés le cachet de dif-

tinction & d'élégance qu'on s'est toujours plu à reconnaître à leurs produits;

Attendu que ce but ne peut être atteint que par la formation d'un Musée où feront réunis, avec un discernement sévère, celles des œuvres de tous les temps & de tous les peuples qui se font rapprochées le plus des types du beau, & que les traditions de l'Art ont définitivement & unanimement fanctionnées;

Attendu que ce ferait altérer les principes d'un Etablissement fondé dans cette intention, & le faire déchoir de la hauteur où il doit être maintenu dans l'intérêt de l'Industrie, que d'y admettre, autrement qu'à titre d'exception, les objets dont la valeur consisterait surtout dans leur ancienneté, leur rareté, leur curiosité; que, par les mêmes motifs, on devra rigoureusement en écarter tout ce qui, dans le domaine de l'Art, ferait fans originalité vraie ou manquerait de correction, & à plus forte raison les deffins de fabrique, qui font le produit d'une industrie & non des modèles;

Attendu qu'il ferait chimérique, de la part de la Chambre, de fonger à raffembler dans le Musée nouveau les plus belles œuvres en *originaux*; que cette réunion d'originaux ferait impoffible à obtenir même au prix des plus grands facrifices; que, fût-elle poffible, les reffources dont la Chambre difpofe lui interdifent de s'arrêter à ce parti; que dès lors le feul fyftème qui lui refte à fuivre pour demeurer fidèle à fa penfée, eft de conftituer le fonds principal du Musée futur avec les copies exactes des plus beaux chefs-d'œuvre reproduits à l'aide du moulage, de la galvanoplaftie, de la gravure, de la photographie, &c.;

Que ce fyftème d'un Musée confacré à l'Art dans ce qu'il a de plus élevé, & alimenté par des copies, n'exclut pas cependant les acquifitions

de pièces originales, toutes les fois qu'il s'en préfentera d'irrépro-
chables au point de vue du goût, & d'un prix qui ne fera pas difpro-
portionné avec les reffources de la Chambre ; que ce fyftème n'exclut
pas davantage, dans une mefure modérée, l'admiffion de monuments
appartenant plus fpécialement à la catégorie de l'archéologie & précieux pour l'hiftoire de l'Art ou de l'Induftrie, pourvu que ces monuments foient d'un caractère qui les rende utiles aux études des artiftes
& des induftriels;

Attendu qu'en entrant dans cette voie, la Chambre a la conviction
qu'elle fuit, pour la conftitution du Mufée futur, la feule voie praticable,
& en même temps celle qui eft la plus large, la plus élevée, la plus féconde en heureux réfultats pour l'Induftrie;

Qu'elle a, de plus, la certitude d'être encouragée par le Gouvernement, & l'efpoir fondé d'un généreux concours de la part de tous ceux
qui veulent, comme elle, le progrès de l'Art & de l'Induftrie, fans les
féparer;

VU fa délibération en date du vingt-quatre janvier mil huit cent
cinquante-fix, portant création d'un Mufée d'Art & d'Induftrie;

Vu le rapport fait par M. Rondot dans la féance du neuf avril mil
huit cent cinquante-fept, au retour de fa miffion en Angleterre & en
Belgique;

Vu les rapports de MM. les délégués à l'Expofition de Manchefter
précédemment publiés;

Vu le Rapport & les propofitions préfentées en la féance de ce jour par M. Rondot, fur le plan à fuivre pour l'établiffement futur du Mufée d'Art & d'Induftrie;

ADOPTANT les vues & conclufions développées audit rapport;

# DELIBERE

QUE le Rapport de M. Natalis Rondot fervira de point de départ à l'organifation du Mufée d'Art & d'Induftrie, & formera le programme préliminaire d'après lequel il conviendra de procéder à la diftribution du deuxième étage du Palais du Commerce, aux premières acquifitions, aux demandes de concours que la Chambre adreffera au Gouvernement, à l'Adminiftration municipale, aux amis de l'Art & de l'Induftrie.

La préfente Délibération & le Rapport de M. Natalis Rondot feront publiés aux frais de la Chambre; l'impreffion en fera confiée à M. Louis Perrin.

*Le Préfident de la Chambre de Commerce,*
BROSSET Aîné.

*Le Secrétaire, membre de la Chambre,*
H. JAME.

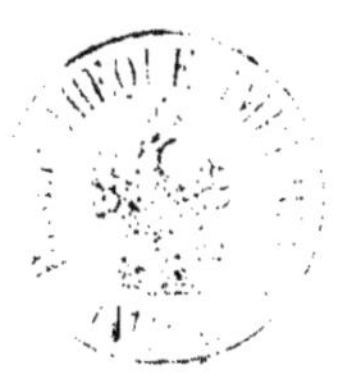

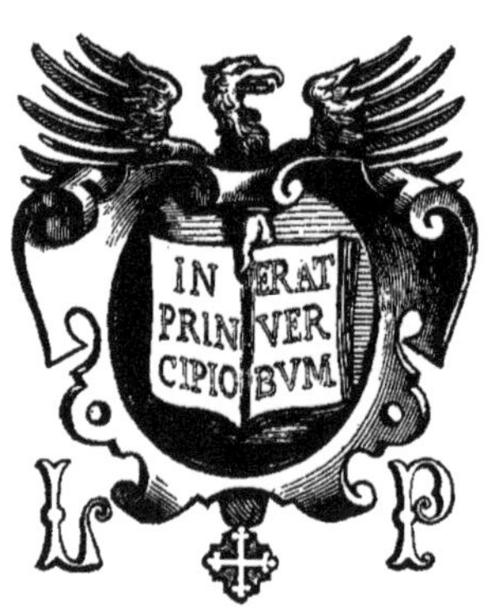